Der Geschmack unserer Kindheit

Obstkuchen, wie sie unsere Großmütter gebacken haben

Genießerinnen: Gina Knese (links) und Ina Heuer. Auch Hauskatze Wilma sagt zu einem Klecks Sahne nicht Nein

Verliebt in die alten Rezepte

Die alte Schrift meiner Großmutter Marie kann ich kaum lesen. Auch das Papier ist vergilbt. Doch ich hüte ihr kleines Büchlein wie einen großen Schatz. Denn darin hat meine Oma ihre Backrezepte notiert. *„Ich schreibe das nur auf, falls ich mal tüdelig werde"*, sagte sie immer lachend. Tüdelig wurde sie nie. Sie backte auch im hohen Alter alles aus dem Kopf. Als kleines Mädchen sah ich ihr gern zu: Sie knetete in aller Ruhe den Hefeteig, der sich wenig später wie von Zauberhand verdoppelte. Butter, Mehl und Zucker wurden zu dicken Streuseln. Ich wartete ungeduldig, dass etwas vom Rührkuchenteig in der Schüssel blieb, um davon zu naschen.

Auch meine Freundin Gina wich damals ihrer Großmutter Elli beim Backen nicht von der Seite. Wir sind in diese ehrlichen Kuchen mit den einfachen, guten Zutaten und dem frischen Gartenobst, aber auch den Torten, auf denen sich Beeren türmen, verliebt. Wenn wir Großmutters Rezepte nachbacken, denken wir: Das ist **Der Geschmack unserer Kindheit**.

Doch wir verraten Ihnen nicht nur einige unserer süßen Lieblinge, sondern haben auch Freunde und Konditoren gebeten, Obstkuchen nach alten Familienrezepten zu backen. Zwischen den Rezepten finden Sie Geschichten mit Erinnerungen, fantasievolle Ideen und Anregungen für den nächsten Ausflug ins Schlemmerland. Genießen Sie den Geschmack unserer Kindheit.

Wir wünschen Ihnen viele süße Momente
Ihre Backfeen Ina Heuer und Gina Knese

Inhalt

Annemies Apfeltraum
Seite 6-7

Rhabarber vom Blech
Seite 8-9

Himbeeren im Sahnerausch
Seite 10-13

Bananen-Pfirsichtorte
Seite 14-15

Kirschmichel
Seite 16-17

Stachelbeere mit Mandel
Seite 18-19

Fruchtzwerge
Seite 22-23

Apfelkuchen auf Russisch
Seite 24-27

Rührkuchen mit Kirschen
Seite 28-29

Johannisbeer-Vanilletorte
Seite 30-31

Zwetschgenstreusel
Seite 32-35

Weißt du noch?
Seite 36-37

Versunkener Apfelkuchen
Seite 38-41

Erdbeerkuchen
Seite 42-43

Beerentorte rot-blau
Seite 44-45

Kirschkuchen vom Blech
Seite 46-47

Schürzen für Backfeen
Seite 48-49

Birnenkuchen
Seite 50-53

Apfelbällchen
Seite 54-55

blüten werkstatt
Seite 56-59

Johannisbeer-Rhabarber
Seite 60-63

Großmutters Apfelkuchen
Seite 64-65

Mandarinentorte
Seite 66-67

Apfelweincreme-Torte
Seite 68-71

Die kleine Haushaltsfibel
Seite 72-73

Aprikosen-Mohnsahnetorte
Seite 74-75

Apfelkuchen vom Blech
Seite 76-77

Kaffeeplausch & Handarbeit
Seite 78-79

Johannisbeeren mit Baiser
Seite 80-83

Mirabellenmohn
Seite 84-85

Zwetschgendatschi
Seite 86-87

Stachelbeersahne-Torte
Seite 88-91

Töpferei Erlichthof
Seite 92-93

Apfelkuchen vom Bodensee
Seite 94-97

Beerenauslese
Seite 98-99

Marmeladen
Seite 100-101

Adressen
Seite 102-103

Impressum
Seite 107

Annemies Apfeltraum

Wer versteckt sich denn da unter einer hauchzarten Decke?

Erinnerungen

„Unser Garten, der war ein Schlaraffenland mit Äpfeln, Birnen, sogar zwei Pfirsichbäume trugen ihre Früchte. Das Obst wurde eingekocht, wir machten Marmelade daraus – und wir verwendeten es zum Backen. Selten in der Woche. Da gab es nur Kuchen, wenn sich Besuch ankündigte. Das Wochenende war für Schlemmereien reserviert", erzählt Annemarie Termühlen aus dem Münsterland. „Gern nahm meine Mutter für den Obstkuchen Äpfel, aber auch Johannisbeeren oder Stachelbeeren landeten auf dem Blech. Und aus den Schwarzen Johannisbeeren machten wir in der Erntezeit einen Schnaps: der Aufgesetzte für Männer."

Springform 26 cm
Backpapier

Zutaten
Für den Boden
100 g gemahlene Mandeln
300 g Mehl
200 g Butter
150 g Zucker
1 Pck. Vanillezucker
2 Eigelbe

Für die Füllung
Ca. 1,5 kg säuerliche Äpfel, z. B. Boskop
50 g Zucker
2 Pck. Vanillezucker
50 g Mandelblätter
Etwas Zimt

Zubereitung

Backofen auf 160 Grad Umluft vorheizen.
Für den Boden die gemahlenen Mandeln, Mehl, Butter, Zucker und Vanillezucker in eine Schüssel geben und vermischen. Eigelbe hinzufügen und mit dem Knethaken zügig zu einem Mürbeteig verarbeiten. Den Teig zu einer Kugel formen, in Klarsichtfolie wickeln und eine Stunde im Kühlschrank ruhen lassen.
Für die Füllung die Äpfel schälen, klein schneiden und in eine Schüssel geben. Mit Zucker, Vanillezucker und Mandelblättchen sowie etwas Zimt vorsichtig vermengen.

Zwei Drittel des Teigs zwischen zwei Lagen Klarsichtfolie geben und mit einem Nudelholz ausrollen. Die Fläche sollte etwas größer sein als die Springform. Die Folie von der oberen Teigseite abziehen und den Teig umgedreht in die mit Backpapier ausgekleidete Springform legen. Den Teig am Rand hochziehen. Jetzt den Boden mehrmals mit der Gabel einstechen und die Füllung in die Form geben.
Den restlichen Teig ausrollen und mit der zweiten Teigplatte den Kuchen „zudecken"

Bei 160 Grad
circa 90 Minuten backen

Kuchenblech
Butter zum Einfetten

Zutaten
Für den Boden
250 ml Milch
75 g Butter
500 g Mehl
1 Würfel Hefe
1 Prise Salz
80 Zucker
2 Eier

Für den Belag
1 Vanilleschote
250 ml Milch
400 g Zucker
10 Eier
1 Pck. Vanillezucker
750 g Rhabarber

Zubereitung
Den Backofen auf 160 Grad Umluft vorheizen. Milch in einem Topf erwärmen und die Butter darin schmelzen. Mehl, Hefe, Salz, Zucker in eine Schüssel geben und vermischen. Eier und die Milch/Butter-Mischung hinzufügen und zu einem geschmeidigen Teig verarbeiten. Teig an einem warmen Ort (keine Zugluft!) circa 30 Minuten ruhen lassen.
Wenn er sich sichtbar vergrößert hat, den Teig noch einmal kräftig durchkneten und auf dem gefetteten Blech ausrollen.

Vanilleschote auskratzen und Vanillemark, Milch, Zucker, Eier und Vanillezucker in eine Schüssel geben und sehr gut miteinander verquirlen. Dann die Masse im Wasserbad unter ständigem Rühren erhitzen. Sobald die Masse stockt, aus dem Wasserbad nehmen und abkühlen lassen.
Rhabarber schälen und in kleine Stücke schneiden. Die abgekühlte Masse auf den Hefeboden geben und die Rhabarberstücke darauf verteilen

Bei 160 Grad circa 30 Minuten backen

Rhabarber vom Blech

Den hat schon Oma Elli gebacken

Himbeeren im Sahnerausch

Ein Hoch auf die Torte!

Zu Besuch bei Maren und Klaus-Peter Grimm auf dem Himbeerhof in Steinwehr

**Springform 26 cm
Backpapier**

**Zutaten
Für den Boden**
5 Eier
4 EL warmes Wasser
150 g Zucker
1 Pck. Vanillezucker
120 g Speisestärke
80 g Mehl
1 Messerspitze Backpulver

Für die Füllung
Selbstgemachte Himbeermarmelade
1000 ml Sahne
1 Pck. Vanillezucker, 2 EL Zucker
750 g Steinwehr Himbeeren

Zubereitung
Den Ofen auf 175 Grad Ober-/Unterhitze vorheizen. Alle Zutaten für den Biskuitboden in eine Schüssel geben und zu einem glatten Teig verrühren. Den Teig in die mit Backpapier ausgelegte Springform geben. **Den Boden bei 175 Grad circa 20 bis 30 Minuten backen.** Auskühlen lassen. Dann den Boden zweimal quer mit einem großen Messer teilen, sodass 3 Böden entstehen. Den ersten Boden mit Himbeermarmelade bestreichen. Die Sahne mit Vanillezucker und 2 EL Zucker steif schlagen. Eine dünne Sahneschicht auf die Marmelade streichen. Den zweiten Boden auflegen. Diesen wieder mit Sahne bestreichen und dann die Himbeeren darauf üppig verteilen. Die Himbeeren mit Sahne bedecken. Den letzten Boden auflegen und die Torte rundherum mit der restlichen Sahne einstreichen, mit Sahnetupfern und Himbeeren garnieren

Die Himbeeren, gerade erst gepflückt, rot und fruchtig. Die Sahne? Frisch geschlagen. Der Biskuitboden? Goldgelb und so locker. Maren Grimm zaubert in der kleinen Backstube auf Gut Steinwehr süße Sünden, denen wir nicht widerstehen wollen. „Wir nennen unsere Torte *Himbeeren im Sahnerausch*", sagt die sympathische Frau lächelnd. Ihre Backwerke sind der Gipfel des Geschmacks. Nicht selten stehen die Gäste auf der Gartenterrasse Schlange, um sich eines der riesigen Stücke zu gönnen.

Gut Steinwehr, um 1760 erbaut, liegt zwischen Rendsburg und Kiel am Nord-Ostsee-Kanal und es hat einen Ruf wie Donnerhall, wenn es um Beeren und Kirschen geht. 1983 wurden hier die ersten Himbeerbüsche auf den Gutsfeldern gepflanzt. Heute ist der Himbeerhof in aller Munde.

Im Sommer sieht man die vielen Gäste mit ihren Pflückkörben durch die Felder und die Alleen streifen, um Himbeeren, Erdbeeren, Brombeeren, Johannisbeeren und Kirschen zu ernten. Bevor der Heimweg ansteht, bummeln die Besucher meist noch über das Gut, das Klaus-Peter Grimm, Marens Mann, als Verwalter führt, zum schmucken Herrenhaus, dem Festsaal, in den Hofladen, zu den Obst- und Gemüseständen. Und natürlich zu Maren Grimms Tortenträumen, die berauscht sind von Sahne und Himbeerglück.

Tortenbodenform 24 cm
Butter zum Einfetten

Zutaten
Für den Boden
1 Ei
80 g Zucker
1 Pck. Vanillezucker
½ TL gemahlene Vanille
90 g Butter
150 g Mehl
1 TL Backpulver

Für den Belag
500 g frisches Obst
wie Pfirsiche und Bananen
1 Pck. Tortenguss

Zubereitung
Den Backofen auf 150 Grad Umluft vorheizen.
Ei, Zucker, Vanillezucker, gemahlene Vanille in einer Schüssel mit dem Mixer verrühren, dann die Butter hinzugeben. Mehl und Backpulver vermischen und hinzufügen. Alles zu einem glatten Teig verarbeiten. Den Teig in die gefettete Backform geben und gleichmäßig verteilen.
Bei 150 Grad circa 20 Minuten backen.
Auskühlen lassen. Das Obst klein schneiden und den Boden damit belegen. Tortenguss nach Anleitung zubereiten und über die Früchte geben

Die Bananen gleich nach dem Schneiden mit Zitronensaft oder Limettensaft bestreichen – am besten mit einem Pinsel. So vermeiden Sie die unschöne Braunfärbung

Bananen-Pfirsichtorte

Mmmh, die hat aber einen knusprigen Boden

Verliebt in Corinnas Kirschmichel

Mit Grieß statt Mehl

Erinnerungen

Mit zehn Jahren wusste Corinna Engel: „Ich werde Konditorin!" Die Leidenschaft war entfacht und „schuld" waren die Großeltern. Opa Heinz, der Uhrenmacher, den alle den „Uhren-Engel" nannten und mit dem sie im Sommer so gern in den Garten ging. Sie kostete von den Beeren, kletterte in ihren Gummistiefeln die Holzleiter ein paar Sprossen empor, pflückte die Kirschen. Die landeten im Eimer und wenig später in der Küche. „Jeden Samstag backte meine Oma Gisela Kirschmichel", erzählt Corinna. Sie liebt die alten Rezepte. Und als sie in die Lehre ging, suchte sie nach Konditoreien mit Tradition. Längst ist Corinna Konditormeisterin und stellt kunstvolle Torten, zarte Petit Fours und edle Pralinés her. „Engelswerk" heißt ihr kleines Unternehmen. Doch neben all den himmlischen Tortenträumen hat sie auch den Kirschmichel nicht vergessen, mit dem ihr süßer Erfolgsweg begann.

Corinna Engel vom „Engelswerk" in Kriftel

Springform 26 cm
Backpapier

Zutaten
480 ml Milch
80 g Grieß
25 g Butter, 1 Prise Salz
6 Eier
30 g Zucker + 60 g Zucker
18 g abgeriebene Schale einer Bio-Zitrone
3 g Zimt
120 g Brösel (z. B. von Kuchenresten)
45 g Zitronat
45 g geriebene Mandeln
5 g Backpulver
700 g entsteinte Kirschen

Zubereitung

Den Backofen auf 190 Grad Ober-/Unterhitze vorheizen. Milch, Grieß, Butter, Prise Salz in einen Topf geben, zum Kochen bringen und immer mal wieder umrühren. Den fertigen Grieß an die Seite stellen. Die 6 Eier trennen. Eiweiß steif schlagen. Eigelbe, 30 g Zucker, abgeriebene Zitronenschale und Zimt in eine größere Schüssel geben und schaumig schlagen. Eiweiß und 60 g Zucker unter die Eigelbmasse heben. Jetzt Brösel, Zitronat, Mandeln, Backpulver und Kirschen unter die Eigelbmasse geben. Zum Schluss 45 g des gekochten Grießes dazugeben und umrühren. Meine Oma hat immer mehr Grieß gekocht und den Rest, den sie nicht für den Kirschmichel gebraucht hat, auskühlen lassen, mit etwas Zucker bestreut (dann bildet er keine Haut) und zum Nachtisch genascht. Den Kuchenteig in die mit Backpapier ausgelegte Springform füllen

Bei 190 Grad circa 45 Minuten backen

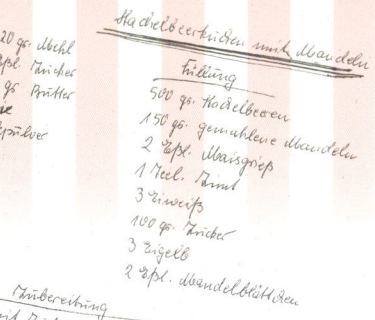

**Springform 24 cm
Butter zum Einfetten**

**Zutaten
Für den Boden**
220 g Mehl
1 TL Backpulver
1 EL Zucker
1 Ei
100 g Butter

Für den Belag
3 Eier
100 g Zucker
150 g gemahlene Mandeln
2 EL Maisgrieß (Polenta)
1 TL Zimt
500 g Stachelbeeren
2 EL Mandelblättchen

Zubereitung
Den Backofen auf 180 Grad Umluft vorheizen.
Mehl, Backpulver, Zucker in eine Schüssel geben und vermischen. Ei und Butter hinzufügen und alles zu einem Teig kneten. 30 Minuten kalt stellen. Teig in der eingefetteten Form ausrollen und einen 3 cm hohen Rand formen. Den Boden bei 180 Grad in den Ofen stellen und 15 Minuten backen.

Für den Belag die Eier trennen. Eiweiß sehr steif schlagen, Zucker langsam einrieseln lassen. Eigelbe vorsichtig unterrühren. Gemahlene Mandeln, Maisgrieß und Zimt in einer zweiten Schüssel vermischen und diese Mischung zur Eiermasse geben. Zuletzt die Stachelbeeren vorsichtig unterheben. Masse auf dem vorgebackenen Boden verstreichen und zum Schluss die Mandelblättchen auf dem Kuchen verteilen

Den Kuchen bei 160 Grad circa 30 Minuten backen

So war's früher

„Meine Oma Elli hat den Kuchen immer in ihrem Gasherd gebacken, ich habe die Temperatur für Umluft angepasst", sagt Gina Knese

**4 Gugelhupfformen 12 cm
Butter zum Einfetten**

Zutaten
Für den Teig
2 Eier
120 g Zucker
1 Pck. Vanillezucker
1 TL gemahlene Vanille
125 g Butter
100 ml Eierlikör
180 g Mehl
1 TL Backpulver

Für die Füllung
Frische Beeren wie Erdbeeren,
Himbeeren, Blaubeeren

Zubereitung
Den Backofen auf 170 Grad Umluft vorheizen. Eier, Zucker, Vanillezucker, gemahlene Vanille in einer Schüssel schaumig rühren und dann die Butter hinzugeben und ebenfalls unterrühren. Zum Schluss Eierlikör, Mehl und Backpulver hinzufügen und alles zu einem glatten Teig verarbeiten.

Den Teig in die gefetteten Backförmchen geben und gleichmäßig verteilen. **Bei 170 Grad circa 30 Minuten backen.** Auskühlen lassen. Die Beeren waschen und gut trocken tupfen, in den Mulden der Gugelhupf-Minis verteilen und vor dem Servieren mit Puderzucker bestreuen

**Dazu einen
großen Klecks
frisch geschlagener
Sahne und ein Gläschen
Eierlikör servieren**

Willkommen im Café „Anna Blank" in Idstein. Gastgeberin Elena Birkel mit ihren Zwillingen Philipp und Mark, Mutter Margarita und Mops Fritz

Springform 28 cm
Butter zum Einfetten

Zutaten
Für den Boden
120 g weiche Butter
80 g Zucker, 300 g Mehl
1 Pck. Backpulver, 1 Ei

Für das Gitter
120 g weiche Butter
80 g Zucker, 300 g Mehl
1 Pck. Backpulver, 1 Ei

Für die Füllung
2 kg Äpfel
100 g Zucker

Zubereitung
Den Backofen auf 180 Grad Umluft vorheizen.
Butter und Zucker in eine Schüssel geben und mit dem Mixer gut verrühren, bis die Masse hell wird. Dann Mehl, Backpulver, Ei hinzufügen und noch mal verrühren. Die gefettete Form mit dem Teig auskleiden, den Rand hochziehen.

Die Äpfel schälen, entkernen, in kleine Stücke schneiden. Die Stücke in einer Pfanne mit dem Zucker dünsten, bis sie weich sind. Die Apfelfüllung auf den Teig geben.
Die Zutaten für das Gitter genauso verarbeiten wie für den Boden. Aus dem Teig lange Streifen formen und diese wie ein Gitter über die Apfelfüllung legen

Bei 180 Grad
circa 35 bis 40 Minuten backen

Café Anna Blank

*E*ine Zeitreise zurück zu den Anfängen des letzten Jahrhunderts nach Russland. Elena Birkels Urgroßmutter Xenia führte zu dieser Zeit eine Art Teesalon. Sie lud Freundinnen ein. Man spielte Karten, las aus Büchern vor und genoss ein Stück Kuchen mit einer Tasse Tee. „Meine Großmutter Anna durfte schon als kleines Kind an diesen Salonstunden teilhaben", sagt Elena Birkel. „Sie erzählte mir, dass sie noch als über 70-Jährige den feinen Puderduft der Damen in der Nase hatte. Sie war fasziniert von der vornehmen Gesellschaft." Doch nicht nur die Erinnerung, auch die Rezepte der Kuchen, die für den Salon gebacken wurden, behütete die Familie über Generationen. „Das Rezept unseres gedeckten Apfelkuchens muss über 100 Jahre alt sein."

Der Lebenstraum von Elenas Großmutter Anna Blank war stets, ein Café zu eröffnen. Gediegen, einladend, mit Torten natürlich nach den alten Rezepten. Diese gab sie später an ihre Tochter Margarita, an Elenas Mutter, weiter. Und so wie die Rezepte von Generation zu Generation wanderten, blieb auch der Wunsch, ein Café zu führen, in der Familie. Anna Blank hat ihren Traum nie erfüllen können, doch ihre Enkelin Elena macht ihn wahr. Im Taunusstädtchen Idstein verwöhnt sie ihre Gäste mit himmlischen Leckerbissen, ausgesuchtem Kaffee und Tee. Die Kaffeehauskultur lebt hier wieder auf. Die Zeit hält einen Augenblick inne, man atmet durch, liest in aller Ruhe die Zeitung und genießt. Der Großmutter zu Ehren hat Elena Birkel ihr Café „Anna Blank" genannt und auch den gedeckten Apfelkuchen, der einst im Teesalon gereicht wurde, serviert sie heute ihren Gästen.

**Herzform oder
Springform 24 cm
Butter zum Einfetten**

Zutaten
80 g gehobelte Mandeln
10 g Butter und 250 g Butter
150 g Zucker
1 Pck. Vanillezucker
1 Prise Salz
125 g Schmand
4 Eier
100 g Kartoffelmehl
150 g Mehl
1 Pck. Backpulver
120 g gemahlene Mandeln
500 g Herzkirschen

Zubereitung
Den Backofen auf
150 Grad Umluft vorheizen.
Gehobelte Mandeln in einer Pfanne leicht mit 10 g Butter anbräunen und abkühlen lassen. 250 g Butter, Zucker, Vanillezucker, Salz, Schmand und Eier in einer Schüssel schaumig rühren. Kartoffelmehl, Mehl, Backpulver sowie die gemahlenen und gerösteten Mandeln hinzugeben und alles zu einem glatten Teig verarbeiten. Die Backform einfetten und mit Mandeln bestreuen.
Den Teig in der Form gleichmäßig verteilen. Die gewaschenen und gut getrockneten Kirschen auf den Teig legen und ein wenig eindrücken

**Den Kuchen bei 150 Grad
circa 60 Minuten backen**

Kirschen nicht entkernen, da die Kerne zusätzlich Geschmacksträger sind und so ein herrlicher Kirschgeschmack entsteht. Beim Essen ist natürlich Vorsicht geboten…

Springform 20 cm, Tortenring
Butter zum Einfetten

Zutaten
Für den Boden
4 Eier
4 EL warmes Wasser
150 g Zucker
1 Pck. Vanillezucker
200 g Mehl
½ Pck. Backpulver
(Der Biskuit wird sehr hoch, sodass er nach dem Auskühlen quer durchgeschnitten werden kann. Eine Hälfte für die Johannisbeer-Vanilletorte verwenden, die zweite einfrieren.)

Für den Belag
300 g Rote Johannisbeeren
400 ml Milch + 5 EL Milch
½ TL gemahlene Vanille
1 Pck. Vanillepuddingpulver
50 g Zucker
1 Pck. gemahlene Gelatine
6 EL Wasser

Zubereitung
Den Backofen auf 180 Grad Ober-/Unterhitze vorheizen. Springform mit Butter einfetten. Eier mit dem warmen Wasser in eine Schüssel geben und kurz auf höchster Stufe mit dem Mixer schaumig schlagen. Zucker, Vanillezucker hinzufügen, kurz verrühren. Das Mehl sieben, mit dem Backpulver zur Teigmasse geben und vorsichtig einrühren. Teig in die Form füllen. **Bei 180 Grad circa 20 bis 25 Minuten goldbraun backen.**
Den Biskuit auskühlen lassen und quer durchschneiden. Eine Hälfte für diese Torte verwenden. Die andere Hälfte einfrieren. Biskuit hält sich auch einige Tage, wenn er in Alufolie verpackt wird.
Johannisbeeren waschen, abtropfen lassen, Stiele entfernen. 400 ml Milch, Vanille und die Hälfte der Johannisbeeren in einen Topf geben und zum Kochen bringen. Den Topf kurz vom Herd nehmen. Puddingpulver mit Zucker und 5 EL Milch anrühren und zur Johannisbeermasse geben. Unter ständigem Rühren kurz aufkochen und vom Herd nehmen.
Gelatine in 6 EL kaltem Wasser auflösen. 10 Minuten stehen lassen und unter die noch warme Johannisbeer-Puddingcreme rühren. Um den Biskuitboden einen Tortenring legen. Die restlichen Johannisbeeren auf dem Biskuitboden verteilen, die Johannisbeer-Puddingcreme darübergeben

Die Torte mit dem Tortenring für 2 Stunden in den Kühlschrank stellen. Vor dem Servieren mit Johannisbeeren dekorieren

Zu Gast bei Heiko Goldbach in „Kröger's Backbar" in Kriftel

Springform 26 cm
Butter zum Einfetten

Zutaten
Für den Boden
225 g Mehl, 100 ml Milch
20 g frische Hefe
1 Ei, 1 Prise Salz
50 g Zucker
50 g Butter (Zimmertemperatur)

Für den Belag
300 g Zwetschgen

Für die Streusel
125 g Butter, 125 g Zucker
250 g Mehl

Zubereitung
Den Ofen auf 200 Grad Ober-/Unterhitze vorheizen. Das Mehl in eine große Schüssel geben und in die Mitte eine Mulde drücken. Die Milch erwärmen (meine Oma Resi stellte sie immer auf die Heizung), Hefe in die Mulde bröseln und die Milch darübergießen. Ei, Salz, Zucker und Butter dazugeben und alles mit der Hand verkneten. Den Teig mit einem Geschirrhandtuch abdecken und 20 Minuten an einem zugfreien Ort ruhen lassen. Noch einmal kräftig durchkneten. Den Teig in die gefettete Form geben, Boden und Rand auskleiden. Die Zwetschgen waschen, abtropfen lassen, halbieren, Kerne entfernen. Zwetschgenhälften eng an eng auf den Teig setzen. Für die Streusel alle Zutaten mit den Händen verkneten, die Streusel großzügig über die Zwetschgen verteilen

Den Kuchen bei 200 Grad circa 40 Minuten backen

Wer den Zwetschgenkuchen lieber auf einem Blech backen möchte, verdoppelt die Zutaten

Alles gut verwertet …

„Meist blieb vom Hefeteig für den Obstkuchen noch etwas übrig", erzählt Heiko Goldbach. „Mit dem Rest kleidete meine Oma eine zweite Form oder ein kleines Blech aus und stach mehrmals mit der Gabel in den Teig. Dann mischte sie etwa 10 Gramm Zimt und 100 Gramm Zucker und ließ den **Kuchen bei 200 Grad 30 Minuten backen.** Im Nu war ein Zuckerkuchen fertig."

Kröger's Backbar

Arbeiten Hand in Hand: Heiko Goldbach (Mitte) mit Achim Habel und Claudia Schmitt

„Meine Großmutter Theresia, die nur Resi hieß, war eine leidenschaftliche Hausfrau, die Königin im Backreich. Wenn meine Schule aus war, ging ich erst mal schnurstracks zu ihr in die Küche. Es gab immer Kuchen, meist Hefekuchen mit frischem Obst. Meine Oma hatte acht Enkel und fünf Urenkel – und sie kannte unsere Geschmäcker, jeder kam bei ihr auf seine Kosten. Ich liebte ihren Zwetschgenkuchen und dazu einen großen Becher Kakao, meiner Schwester Nicole backte sie aus den Teigresten einen Zuckerkuchen. *Das Mehl bewahrte sie in einer alten Suppenterrine auf, die ich heute noch habe.* Meine Oma wurde 93 Jahre. Leider hat sie nie ein Rezeptbuch geführt, sie hatte alles in ihrem Kopf. Ich bin Bäcker und das hat sicher zwei Gründe, der eine: Bei uns fuhr jede Woche ein Bäckerwagen über Land und der Chef sagte schon als kleines Kind zu mir: ‚Wenn du groß bist, nehme ich dich mit.' Das fand ich toll. Der zweite Grund ist Oma Resi, der ich eine wundervolle Kindheit und meine Leidenschaft zum Backen verdanke." Heiko Goldbach führt mit Achim Habel „Kröger's Backbar" in Kriftel (Hessen). „Bei uns wird alles von Hand gemacht, ohne chemische Zusätze. Und die Streusel für unsere Kuchen, die mache ich, wie Oma Resi sie schon vor Jahrzehnten gezaubert hat."

Weißt du noch ...

Meine Taufe: Paten, Eltern, Großeltern und der Pfarrer. Der Tisch war mit dem guten Goldrandgeschirr gedeckt. Zum feierlichen Anlass gab es Buttercremetorte

Zum Kaffee wurde sich fein gemacht: meine Mutter Gisela mit ihrem Bruder Heinz als Kinder

Unser Kaffeetisch unterm Apfelbaum: meine Mutter zwischen meinen Omas. Auf der Bank sitzt der Opa

Oma Klara (ganz links) bei der Kartoffelernte

Meine Mutter Gisela als junge Frau in der Küche

Der Stolz jeder Familie: ein Opel. Sonntags wurden gern Ausflüge unternommen

Wenn ich in alten Fotoalben blättere, werden wundervolle Erinnerungen wach. Die schwarz-weißen Bilder nehmen mich mit auf eine Reise in meine Vergangenheit. Ich bin auf dem Land in Niedersachsen groß geworden. Meine Großmutter Marie hatte einen Garten voller Schattenmorellen. Wenn Erntezeit war, schrieb mir meine Mutter eine Entschuldigung. Da schummelten wir eine Krankheit herbei, ich schwänzte die Schule, denn bei der großen Ernte wollte ich nicht fehlen. Später saßen wir nachmittags am Gartentisch und entsteinten die Kirschen. Nebenan, im Kessel der Waschküche, wurde eingekocht. Und es wurde gebacken! Keine feinen Torten, Blechkuchen mit Obst und Streusel dufteten im Backofen meiner Großmutter. Oft traf sich die ganze Familie am Kaffeetisch unter dem alten Apfelbaum, der unser Sonnenschirm war: meine Eltern, mein Bruder Dankmar, unser Großvater Richard, die Großmütter Klara und Marie. Auch unser Dackel Purzel gesellte sich schnell dazu, denn Krümel fielen immer ab.

Ina Heuer

In der Backstube von Patrick und Susanne Amendt in Frankfurt am Main

Springform 26 cm
Backpapier

Zutaten
3 bis 4 Äpfel, gern Pink-Lady
Etwas Zitronensaft
180 g Butter (Zimmertemperatur)
180 g Zucker
½ Bio-Zitrone
3 Eier
1 Eigelb
1 Prise Salz
1 Messerspitze Vanille
180 g Mehl
1 TL Backpulver
40 g Rum-Rosinen
20 g gestiftete Mandeln
Etwas Zimtzucker
1 Pck. Tortenguss klar
250 ml Apfelwein
250 ml Apfelsaft

Zubereitung
Den Ofen auf 180 Grad Ober-/Unterhitze vorheizen. Die Springform mit Backpapier auskleiden.

Äpfel schälen, entkernen und vierteln. Mit der Oberseite nach oben auf eine Unterlage legen und mit einem Messer mehrmals längs einschneiden. Die Äpfel leicht mit Zitronensaft bestreichen. So werden sie nicht braun und sie behalten ihren säuerlichen Geschmack.

Butter in eine Rührschüssel geben und mit dem Zucker glatt rühren. Die Schale der halben Zitrone abreiben. Unter ständigem Rühren Eier, Eigelb, Zitronenabrieb, Salz, Vanille hinzufügen. Bitte darauf achten, dass sich die Zutaten gut miteinander vermischen. Am Ende Mehl und Backpulver unterrühren. Rum-Rosinen unterheben. Die Masse in die Form geben und glatt streichen.

Nun die Äpfel mit der Oberseite nach oben auf die Masse legen und ganz leicht eindrücken.

Form bei 180 Grad in den Ofen geben und nach 30 Minuten die Mandeln aufstreuen, weitere 20 Minuten backen.

Bitte mit dem Zahnstocher prüfen, ob der Kuchen durchgebacken ist. Den Kuchen aus dem Ofen nehmen und mit Zimtzucker bestreuen. Auskühlen lassen.

Den Tortenguss mit Apfelwein und Apfelsaft kochen und damit den Kuchen bepinseln, bis er einen schönen Glanz bekommt

Jedes Stück von Hand gemacht, mit den besten Zutaten und von den besten Konditoren. „Das ist unser Anspruch", sagt Patrick Amendt. Die Konditorei „Amendt" in der Frankfurter Hügelstraße könnte auch „Schlaraffenland" heißen – Baumkuchentorte, mit mindestens zehn Böden, Maikäfer aus Trüffel, ein winziger Gugelhupf als Limonenpraliné … Wie gut, dass das Jahr so viele Tage hat, denn probieren möchte man jede der süßen Verführungen.

Die Konditorei hat Geschichte: 1929 gegründet von August und Irene Amendt, Patricks Großeltern. In schwersten wirtschaftlichen Zeiten, doch mit viel Mut: „Wer jetzt noch nicht pleite ist, schafft es nie", sagte man damals. Gebacken wurde im Elternhaus, später zog man in die Humboldtstraße. Dann wütete der Krieg, zerstörte alles, nur nicht den Willen zum Wiederaufbau. 1946 wurde die Backstube wieder eröffnet. 1970 stieg die 2. Generation in den Familienbetrieb ein, Horst und Bärbel Amendt, Patricks Eltern. Und 1999 übernahmen Susanne und Patrick die Verantwortung. Sie lernten sich auf der Meisterschule in Heidelberg kennen. Auch Susanne Amendt stammt aus einer Konditorenfamilie. Das Schicksal hat süß gewürfelt.

Heute findet man Susanne Amendt im Laden. Die Chefin kennt ihre Kunden, spricht sie mit Namen an, erklärt, verpackt liebevoll. Was für ein großes Glück, dass es noch so eine feine Konditorei gibt.

Erdbeerkuchen

So klein und so lecker! Ihr gehört doch eigentlich ins Paradies!

Den Erdbeerkuchen mit dem Doppelboden hat Corinna Engel gebacken

**Springformen 22 und 24 cm
Backpapier**

**Zutaten
Für den Mürbeteig**
50 g Zucker
100 g Butter
(Zimmertemperatur)
1 Ei
150 g Mehl, 1 Prise Salz
Etwas Erdbeermarmelade

Für den Rand aus Marzipan
100 g Marzipan
10 g Eiweiß
20 g Puderzucker

Für den Biskuitboden
2 Eiweiß
2 Eigelb
120 g Zucker
120 g Mehl
1 Pck. Vanillezucker
1 TL Backpulver

Für den Belag
Ca. 700 g Erdbeeren
1 Pck. Tortenguss

Zubereitung
Den Backofen auf 180 Grad Ober-/Unterhitze vorheizen.
Für den Mürbeteig Zucker, Butter, Ei in eine Schüssel geben und verkneten. Mehl und Salz hinzufügen und nochmals gut durchkneten.
Für den Marzipanrand Marzipan, Eiweiß und Puderzucker vermischen. Die Masse sollte spritzfest sein.
Den Mürbeteig in die mit Backpapier ausgelegte größere Springform geben, den Teig jedoch nicht ganz bis zum Rand auskleiden.
Die Marzipanmasse in den Spritzbeutel geben und auf den Mürbeteigboden einen Rand spritzen.
**Bei 180 Grad circa 5 bis
7 Minuten backen.**

Für den Biskuitboden Eiweiß in eine Schüssel geben und zu Schaum schlagen. Eigelbe, Zucker unterrühren. Mehl, Vanillezucker und Backpulver langsam unterrühren. Den Teig in die zweite mit Backpapier ausgelegte Springform geben.
**Bei 175 Grad circa 25 bis
30 Minuten backen.**

Die Böden auskühlen lassen. Erdbeeren waschen, abtropfen lassen und halbieren. Auf den Mürbeteigboden etwas Erdbeermarmelade streichen und den Biskuit darauf setzen. Den Biskuit mit Erdbeeren belegen. Tortenguss nach Packungsanleitung zubereiten und über die Erdbeeren pinseln

**Springform 20 cm, Tortenring
Butter zum Einfetten**

Zutaten
Für den Boden
4 Eier
4 EL warmes Wasser
150 g Zucker
1 Pck. Vanillezucker
1 Prise Salz
200 g Mehl
½ Pck. Backpulver

Für Füllung und Belag
250 g Rote Johannisbeeren
350 ml Milch + 5 El Milch
1 Pck. Sahnepuddingpulver
2 EL Zucker + 80 g Zucker
½ Pck. gemahlene Gelatine
3 EL kaltes Wasser
250 g Heidelbeeren
200 g Sahne
250 g Sahnequark
1 Bio-Zitrone

Zubereitung
Den Backofen auf 180 Grad Ober-/Unterhitze vorheizen. Springform mit Butter einfetten. Eier mit dem warmen Wasser in eine Schüssel geben und kurz auf höchster Stufe mit dem Mixer schaumig schlagen. Zucker, Vanillezucker, Prise Salz hinzufügen, kurz verrühren. Das Mehl sieben, mit dem Backpulver zur Teigmasse geben und vorsichtig einrühren. Teig in die Form füllen. **Bei 180 Grad circa 20 bis 25 Minuten goldbraun backen und auskühlen lassen.**

Biskuitboden quer halbieren. Den unteren Boden auf eine Kuchenplatte geben, Tortenring umlegen. Johannisbeeren waschen, abtropfen lassen, Stiele entfernen. 350 ml Milch in einem Topf zum Kochen bringen. Sahnepuddingpulver mit 5 EL Milch und 2 EL Zucker verrühren. Kochende Milch kurz vom Herd nehmen, Puddingpulvermischung und Johannisbeeren einrühren. Noch einmal kurz aufkochen lassen und dabei weiter rühren. Wieder vom Herd nehmen.

Gelatine mit dem Wasser anrühren. 10 Minuten quellen lassen. Aufgelöste Gelatine in die noch warme Puddingmasse einrühren. Die Creme auf dem Boden verteilen und die Torte in den Kühlschrank stellen.

Heidelbeeren waschen, abtropfen lassen. Sahne in eine Schüssel geben, sehr steif schlagen. Den Quark in eine zweite Schüssel geben. Die Schale der Zitrone abreiben, zum Quark geben, 80 g Zucker hinzufügen und alles zu einer glatten Creme verrühren. Die steife Sahne vorsichtig unterheben. Torte aus dem Kühlschrank nehmen. Die andere Hälfte des Biskuitbodens auf die Torte setzen und die Quarksahnecreme sowie die Heidelbeeren darauf verteilen.
Die Torte mit dem Tortenring für 2 Stunden in den Kühlschrank stellen

Tipp

Mit Mandelblättchen dekorieren

Schwester Anita lebt im Kloster „St. Lioba" in Freiburg/Breisgau

Erinnerungen

Die Klosterküche war ein kleines Stückchen ihres Himmelreichs. Schwester Anita war 35 Jahre, als sie dort mit ihrer Arbeit begann. „Heute bin ich über 80", erzählt die Ordensschwester, die im Freiburger Kloster St. Lioba lebt, „doch zu Weihnachten lasse ich es mir nicht nehmen und backe dort immer noch 16 verschiedene Plätzchensorten."

Für dieses Buch hat sie ein altes, köstliches Kirschkuchenrezept herausgesucht. Eine ihrer wichtigsten Zutaten beim Backen: „Liebe, wenn die fehlt, dann gelingt der Kuchen nicht."

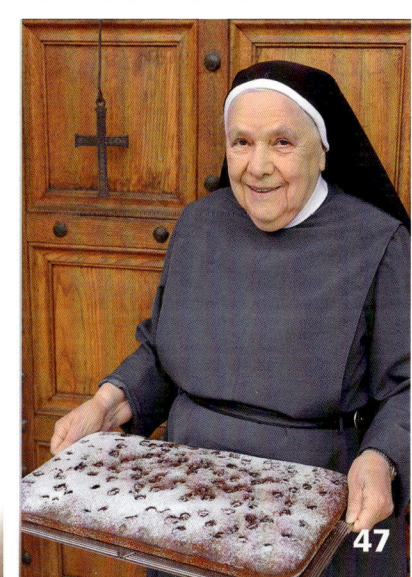

Kuchenblech
Butter zum Einfetten

Zutaten
250 g Butter
300 g Zucker
Je 1 Zitronen- und Vanillearoma
250 g Mehl
10 g Backpulver
40 g Kakaopulver
8 Eier, Salz
½ TL Zimt
1 EL Kirschwasser
100 g süße Kuchenbrösel
150 g Nüsse, gerieben
700 g entsteinte Sauerkirschen

Zubereitung
Den Backofen auf 180 Grad Ober-/Unterhitze vorheizen. Butter, Zucker und die Aromen in eine Schüssel geben und mit dem Mixer schaumig schlagen. Mehl, Backpulver, Kakaopulver in einer zweiten Schüssel vermengen und im Wechsel mit den Eiern in die Butter-Zuckermasse rühren. Salz und Zimt sowie das Kirschwasser dazugeben. Dann die süßen Brösel (das können zum Beispiel Reste von Plundergebäck, Milchbrötchen oder Tortenböden sein) und die Nüsse unterrühren. Zum Schluss vorsichtig die Sauerkirschen unterheben. Den Teig auf das gefettete Blech streichen

Bei 180 Grad circa 45 Minuten backen

Die sind aber hübsch!
Schürzen für Backfeen

Nähen ist wie zaubern – dieser Satz passt perfekt auf Anke Seelig. Sie ist „Die Nähtante" und macht aus wunderschönen Stoffen wunderschöne Stücke. Die gelernte Schneiderin, die mit ihrer Familie bei Frankfurt am Main lebt, näht gern Kinderkleidung, kreiert Wimpelketten, Kissen, Decken und hat für dieses Buch eine feine Schürzenkollektion aus Westfalenstoffen entworfen, auf denen Äpfel, Zitronen und Birnen sprießen. Die Modelle sind maßgeschneidert auf die Bedürfnisse von Backfeen: Sie haben eine große Tasche und eine kleine Lasche, um das Geschirrhandtuch zu halten. Übrigens: die Schürzen schneidert „Die Nähtante" natürlich auch für Kinder.

„Die Nähtante" Anke Seelig hat die Schürzenkollektion entworfen

Koch Henri Wagner verwöhnt die Gäste im „Roten Haubarg" bei Husum

**Springform 28 cm
Butter zum Einfetten**

**Zutaten
Für den Boden**
150 g Butter (Zimmertemperatur)
90 g Puderzucker
4 Eier
200 g Mehl
5 g Backpulver
1 Prise Salz
½ Bio-Zitrone
1 Pck. Vanillezucker
90 g Zucker

Für den Belag
3 sehr reife Birnen,
gern die Sorte Abate Fetel
Etwas Aprikosenmarmelade

Zubereitung

Für den Teig Butter und Puderzucker in eine Schüssel geben und schaumig aufschlagen. Die Eier trennen. Eigelbe hinzufügen, auch Mehl und Backpulver sowie die Prise Salz. Die Schale der halben Zitrone abreiben und mit dem Vanillezucker in die Teigmasse geben und alles gut verrühren. Eiweiß mit dem Zucker schaumig schlagen und vorsichtig unter die Masse heben. Den Teig in die gefettete Springform geben, er sollte nicht dicker als ein Zentimeter sein. Die Birnen schälen und in Streifen schneiden, auf den Teig setzen.

Den Kuchen bei 170 Grad circa 60 bis 70 Minuten backen

Wenn der Kuchen aus dem Ofen kommt, ihn mit heißer Aprikosenmarmelade einpinseln

Als Obst empfehlen sich auch Pflaumen und Aprikosen. Der Kuchen schmeckt auch sehr gut mit einer Decke aus Streuseln

50

Einfach hausgemacht – so heißt das Motto von Henri Wagner. Er ist Koch im „Roten Haubarg". Hinter diesem norddeutschen Namen verbirgt sich ein Bauernhof aus dem 17. Jahrhundert auf der Halbinsel Eiderstedt, um den sich eine geheimnisvolle Sage rankt. Das historische Gebäude und die idyllische Natur beflügeln Henri Wagner, in seiner Küche bodenständige Leckerbissen mit den besten Naturprodukten zu zaubern.

Auf seiner Speisekarte stehen zum Beispiel Sauerfleisch und Rouladen. Die Kräuter kommen aus dem eigenen Garten, seine Lieferanten kennt er alle persönlich. Auch beim Backen macht ihm niemand etwas vor.
Er liebt Handarbeit! Die Streusel für den Kuchen vom Mixer durchkneten lassen? Nein! Da müssen die Hände ran. Die Sahne aus der Maschine? Bloß nicht, die wird selbst geschlagen. „Die Saison bestimmt das Angebot", sagt er, „Zwetschgen, Pflaumen, Aprikosen landen je nach Jahreszeit auf unseren Blechen." Aber auch Torten wie die „Hugo-Torte" mit Limette und Holunderblüten gehören zu seinen Favoriten. Für dieses Buch hat er uns einen Birnenkuchen gebacken, leicht und lecker.
Zum Schluss verrät er uns noch einen Tipp für Erdbeerkuchen: „Nicht das Grün der Erdbeeren wegwerfen, davon koche ich den Guss mit etwas Zucker, Wasser und Minze. Zum Gelieren nehme ich das pflanzliche Geliermittel Agar-Agar."

Pförtchenpfanne
Öl zum Backen

Zutaten
Für den Teig
250 ml Milch
100 g Butter
200 g Mehl
25 g Zucker
½ Würfel Hefe
3 Eier
2 Tropfen Vanillearoma
Geriebene Schale und Saft
einer halben Bio-Zitrone

Für die Füllung
2 Äpfel, etwas Zucker und Zimt

Zubereitung
Milch und Butter in einem Topf leicht erwärmen, sodass die Butter schmilzt. Mehl, Zucker, Hefe in einer Schüssel vermischen. Eier und die warme Milch mit der aufgelösten Butter, Vanillearoma, Zitronenschale und -saft in die Schüssel geben und alles zu einem glatten Teig verarbeiten. An einem warmen Ort den Teig circa 30 Minuten aufgehen lassen.

Die Äpfel schälen und sehr klein schneiden. Wenn der Teig sich merklich vergrößert hat, ihn noch einmal kräftig durchkneten. In die Mulden der Pförtchenpfanne etwas Öl geben und die Pfanne auf dem Herd heiß werden lassen.

Jeweils im Uhrzeigersinn (dann weiß man, welches Apfelbällchen am längsten schon in der Pfanne ist!) einen gut gefüllten Esslöffel Teig in jede Mulde füllen. Winzige Apfelstücke hinzugeben, leicht eindrücken und mit etwas Teig bedecken. Sobald die Unterseite gebräunt ist, mit Hilfe eines Holzstäbchens wenden. Nach dem Backen die Apfelbällchen mit Zucker und Zimt bestreuen

Sie können natürlich anderes Obst für die Füllung der kugelrunden Bällchen verwenden. Köstlich schmecken sie auch mit Obstmus oder Marmelade!

Romantisches Rendezvous
Sommerträume aus dem Garten

„Blumen und Obst, das ist eine herrliche Kombination", sagt Beate Rönnbeck, Inhaberin der „blüten werkstatt" in Eschborn, und dann lässt sie ihre Fantasie aufblühen: Aus weißen Ranunkeln, grünen Mini-Chrysanthemen, weißen Eustomas und reifen Erdbeeren zaubert sie ein Tischgesteck. Sie höhlt eine Ananas aus und macht aus ihr ein Blumenbeet mit Ranunkeln und Schneebällen. Rhabarberstangen werden mit Johanniskraut und Bartnelken zur Augenweide. Und auf einer Etagere reihen sich Blumentörtchen aneinander. „Blumen bedeuten für mich Leben und Freude", bekennt Beate. „Die Leidenschaft zu gestalten war schon immer in mir. Ich sehe etwas und wenig später arbeiten meine Hände wie von selbst." Was für ein Talent!

Springform/Tortenring 26 cm, Backpapier, Butter zum Einfetten, etwas Mehl

Zutaten für den Butterteig
100 g Butter (zimmerwarm)
50 g Puderzucker
150 g Mehl
1 Eigelb, 1 Prise Salz
½ TL Vanillezucker

Für den Biskuitboden
5 Eier, 175 g Zucker
1 Prise Salz, ½ TL Vanillezucker
225 g Mehl
60 g flüssige warme Butter

Für die Füllung
Etwas Johannisbeergelee
300 g Rhabarber, 1 Bio-Zitrone
130 ml Kirschnektar, 130 ml Weißwein
50 g Zucker, 25 g Mondamin
300 g Rote Johannisbeeren

Für den Baiser
115 g Eiweiß, 140 g Zucker

Zubereitung

Konditormeister Florian Guggenbichler vom „Café Mesner" in Schliersee

Butterteig und den Biskuitboden am Vortag zubereiten. Ofen auf 190 Grad Ober-/Unterhitze vorheizen. Alle Zutaten für den Butterteig in eine Schüssel geben, gut durchkneten. Den Teig in Frischhaltefolie wickeln, bis zum nächsten Tag im Kühlschrank ruhen lassen. Für den Biskuitboden Eier, Zucker, Salz, Vanillezucker in eine Metallschüssel geben und im Wasserbad unter ständigem Rühren auf etwa 50 Grad erhitzen. Anschließend wird die Masse mit dem Mixer luftig-fluffig gerührt. Mehl in eine Schüssel sieben und mit der flüssig warmen Butter unter den Teig heben. Den Teig in die gefettete und bemehlte Springform geben. **Bei 190 Grad 10 Minuten backen, dann die Temperatur auf 160 Grad reduzieren, weitere 10 bis 15 Minuten backen.**

... am nächsten Tag: Ofen auf 190 Grad Ober-/Unterhitze vorheizen. Den Butterteig etwa 3 mm stark ausrollen, mit dem Tortenring ausstechen. Auf Backpapier legen, **circa 8 Minuten backen.** Den Biskuitboden quer durchschneiden. (Eine Hälfte aufheben, Biskuit kann auch sehr gut eingefroren werden.) Den Butterteigboden mit Johannisbeergelee bestreichen. Den Tortenring um den Butterteigboden setzen und den Biskuitboden auf den Butterteigboden legen. Rhabarber schälen, in circa 2,5 cm dicke Stücke schneiden und eine Minute im kochenden Wasser blanchieren. Schale von der Zitrone abreiben, die Hälfte der Zitrone auspressen. Nektar, Weißwein, Zucker, Zitronensaft, Zitronenschale und Mondamin in einen Topf geben, unter ständigem Rühren aufkochen lassen. Johannisbeeren von den Stielen lösen. Rhabarber und Johannisbeeren unterheben. Die noch warme Fruchtmasse auf den Biskuitboden streichen. Torte 1 Stunde kalt stellen.

Den Ofen auf 210 Grad Ober-/Unterhitze vorheizen. Für den Baiser bitte alle Zutaten exakt abwiegen. Eiweiß und Zucker in eine Metallschüssel geben und unter ständigem Rühren im Wasserbad auf circa 70 Grad erhitzen. Schüssel aus dem Wasserbad nehmen, Baiser mit dem Mixer zu festem Schaum schlagen. Den Schnee in einen Spritzbeutel mit grober Sterntülle füllen, zu einem Gitter auf die Torte spritzen. **Bei 210 Grad circa 6 Minuten goldbraun abflämmen**

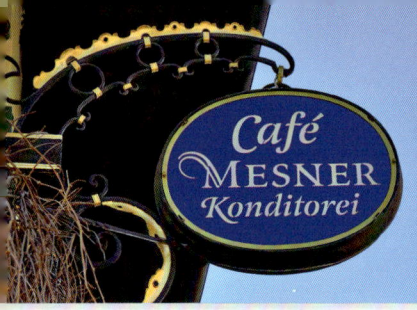

Geschichtsstunde

Der Name „Mesner" hat kirchliche Wurzeln und ist in Süddeutschland ein sehr altes Wort für „Küster". Früher gab es den „Weiß-Mesner", der die Kirchenglocken zu allen Hochzeiten läuten musste. Der „Schwarz-Mesner" war für die Trauertage zuständig und der „Rot-Mesner" für das Glockengeläut an den Sonntagen.

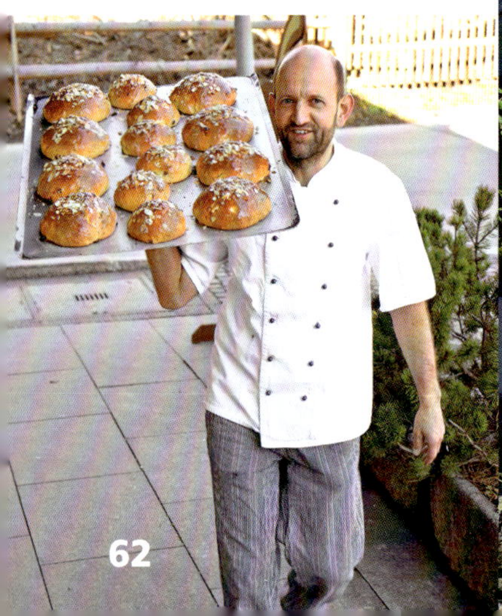

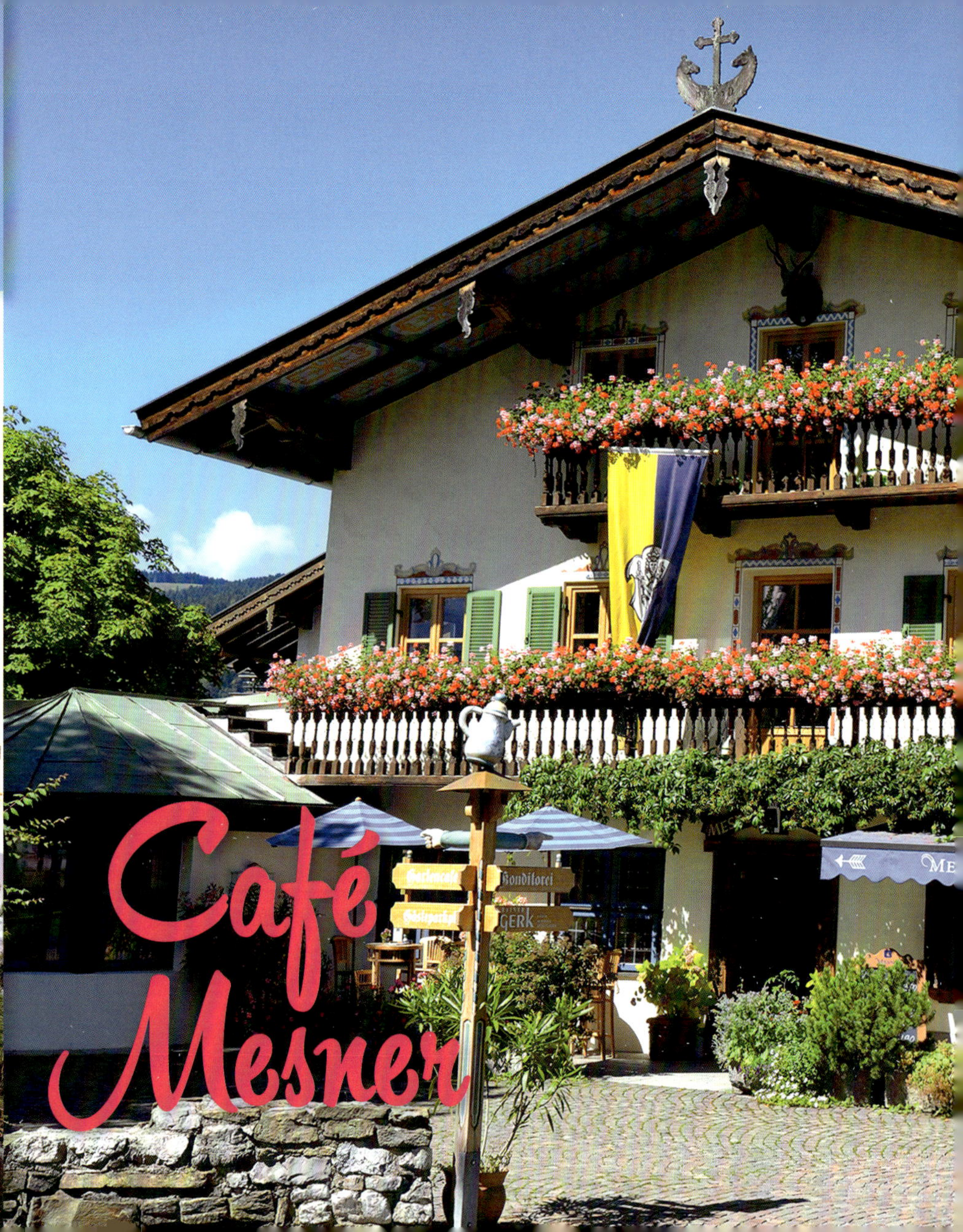

Café Mesner

Sattgrüne Wiesen, idyllische Wälder, Berge wie aus dem Bilderbuch und ein romantischer See – hier im schönen Schliersee liegt das „Café Mesner". Das schmucke Haus mit den Balkonen, die prächtige Geranien wie eine Bordüre zieren, ist seit über 150 Jahren im Besitz der Familie Guggenbichler. „Einst war es ein Wirtshaus, in dem es auch mal ein Stück Kuchen gab", erzählt Florian Guggenbichler. Florians Urgroßmutter Theresia und sein Urgroßvater Andreas führten es. Erst Florians Vater, der das Konditorhandwerk in Frankreich und in der Schweiz lernte, machte aus dem Wirtshaus eine feine Konditorei, die heute das Reich von Florian Guggenbichler und seinen Zuckerbäckern ist. In dieser Backstube hat das gute, alte Konditorhandwerk überlebt. „Wir verwenden nur frische Produkte und machen alles selbst: jede Verzierung, jede Creme, jede Schokolade, jedes Praliné", sagt Florian. „Auch unsere Johannisbeer-Rhabarberbaiser-Torte hat schon mein Großvater gebacken." Was für ein Geschenk, ein Stück davon naschen zu dürfen ...

Thilo Bischoff ist Wirt im „Ähndl" in Murnau

Backblech
Butter zum Einfetten

Zutaten
Für den Boden
500 g Mehl
1 gestrichenen TL Salz
1 Würfel frische Hefe
200 ml Milch
50 g Butter
50 g Zucker
Abgeriebene Schale einer Zitrone
1 Ei

Für den Belag
5 Äpfel
Etwas Zitronensaft
50 g Zucker
5 g Zimt
50 g Haselnüsse
100 g Butterflöckchen

Zubereitung
Mehl und Salz in eine Schüssel geben und vermengen. Meine Großmutter hat in das Mehl immer eine Mulde gedrückt und in diese wurde die Hefe hineingebröselt. Milch erwärmen (lauwarm, auf keinen Fall kochen), darin die Butter schmelzen. Die Milch-Butter-Mischung vorsichtig über die Hefe geben. Zucker, die abgeriebene Zitronenschale und das Ei hinzufügen. Daraus den Hefeteig kneten. Den Teig mit einem Küchentuch abdecken und gut 20 Minuten an einem warmen, zugfreien Ort gehen lassen.
Die Äpfel schälen und in Schnitze (Scheiben) schneiden, mit dem Saft der Zitrone beträufeln.
Den Hefeteig dünn ausrollen und auf das gefettete Backblech geben. Die Apfelschnitze darauf verteilen. Zimt und Zucker mischen und damit die Spalten bestreuen. Zum Schluss die Haselnüsse auf dem Apfelkuchen verteilen und reichlich Butterflöckchen darauf setzen

Den Kuchen bei 190 Grad circa 35 Minuten backen

Erinnerungen

Thilo Bischoff führt sein eigenes Wirtshaus in Murnau. Der begnadete Koch liebt die Rezepte aus seiner Familie – die deftigen und die süßen.
Zu den Blechkuchen, die seine Großmutter Elisabeth backte, gehört der Apfelkuchen mit Nüssen. „In der Küche meiner Nanna, so haben wir die Oma immer genannt, gab es einen Brotbackofen, gußeisern und sehr alt", erzählt Thilo Bischoff. „In diesem Ofen wurden auch die Blechkuchen gebacken. Unsere Nanna kochte auch oft für die ganze Familie. Ich erinnere mich, dass wir so lange am Tisch sitzen mussten, bis alles aufgegessen war. Wenn einer ihrer Enkelkinder die Portion nicht schaffte, nahm sie die Reste. Sie hatte die Kriege erlebt und für sie wäre es eine Sünde gewesen, Essen wegzuwerfen. Doch es blieb selten etwas auf unseren Tellern übrig – schon gar nicht, wenn es Apfelkuchen gab."

**Tortenbodenform 24 cm
Butter zum Einfetten**

Zutaten
Für den Boden
2 Eier
80 g Zucker
100 g Butter (Zimmertemperatur)
Abgeriebene Schale von
einer Bio-Orange
125 g Mehl
1 Prise Salz
1 TL Backpulver
50 ml Sahne

Für den Belag
2 Dosen Mandarinen
500 g Quark, vollfett
Abgeriebene Schale von einer
halben Bio-Orange
50 g Orangenzucker

Zubereitung
Den Backofen auf 160 Umluft Grad vorheizen. Eier und Zucker in eine Schüssel geben und schaumig rühren. Butter hinzufügen. Orangenschale, Mehl, Salz, Backpulver und Sahne hinzugeben und alles zu einem glatten Teig verarbeiten. Teig in die gefettete Form geben. **Bei 160 Grad circa 15 bis 20 Minuten backen.** Auskühlen lassen. Für den Belag die Mandarinen gut abtropfen lassen und zur Seite stellen. Quark mit Orangenschale und Orangenzucker verrühren und auf dem Boden gleichmäßig verteilen. Danach die Mandarinen darauf setzen und die Torte für 1 Stunde in den Kühlschrank stellen

Tipp
Statt Quark können Sie auch gern Mascarpone verwenden

Angelika Huber von der
„Bäckerei Schönstetter"
in Unterneukirchen

Springform 26 cm
Butter zum Einfetten

Zutaten
Für den Mürbeteig
300 g Butter
150 g Zucker, 1 Ei
30 g süße Brösel
450 g Mehl

Für die Füllung
400 ml Weißwein +
100 ml Weißwein
250 g Zucker
200 ml Apfelsaft +
150 ml Apfelsaft
80 g Puddingpulver

1 kg Äpfel, gern Boskop
500 ml Sahne
1 Pck. Sahnesteif
Etwas Kakaopulver
Apfelhälften

Zubereitung
Ofen auf 190 Grad Ober-/Unterhitze vorheizen. Für den Teig Butter und Zucker in eine Schüssel geben, verrühren. Ei, Kuchenbrösel dazugeben, nach und nach das Mehl hinzufügen und alles kurz durchkneten. Teig für circa 20 Minuten in Folie gewickelt in den Kühlschrank legen. Den Teig in die gefettete Springform geben, den Boden circa 0,5 cm dünn auskleiden.

Für die Füllung 400 ml Weißwein, Zucker und 200 ml Apfelsaft in einem Topf zum Kochen bringen. Das Puddingpulver mit 150 ml Apfelsaft in ein Gefäß füllen, verrühren, dann unter die kochende Weißweinmasse geben. Kurz aufkochen lassen. Die Äpfel schälen und klein schneiden, unter die Masse heben. Die Apfelweincreme auf den Teig in die Springform füllen und **bei 190 Grad circa 90 Minuten backen.** Auskühlen lassen. Sahne mit Sahnesteif in eine Schüssel geben, steif schlagen, mit 100 ml Weißwein abbinden und auf die Apfelweincreme geben.
Mit Kakaopulver bestreuen und den Apfelhälften dekorieren

Bäckerei Schönstetter

Als Baby hielt sie ihren Mittagsschlaf oft in der Backstube. Als kleines Mädchen waren ihre blonden Locken meist voller Mehl, denn wenn ihr Großvater Hans backte und es aus dem Ofen nach frischem Kuchen duftete, war Angelika Huber zur Stelle.

Heute gehört die junge Frau aus dem bayerischen Unterneukirchen zu den besten Konditorinnen der Welt. 2010 hat sie den Weltmeistertitel errungen. Sie zaubert kunstvolle Torten, Pralinés, Eisbomben, Baumkuchen – der große Erfolg stieg ihr nicht zu Kopf. Die Tradition in der Familie erdet sie. Sie weiß aus Erzählungen, wie schwer das Leben ihrer Urgroßeltern Leonhard und Magdalena in den Kriegsjahren und danach war: „Mithilfe eines Hundewagens haben sie das Brot ausgeliefert. Bezahlt wurde mit Mehl", erzählt Angelika.

Heute führen ihre Eltern Marlene und Anton die Bäckerei und Konditorei Schönstetter, die zahlreiche Filialen hat. Doch ihre Großeltern Hans und Maria greifen der jungen Generation gern unter die Arme. „Sie schälen mir im Sommer zum Beispiel die Äpfel für die Apfelweincreme", sagt Angelika. Auch diese Torte wird nach einem alten Familienrezept gebacken – und sie ist nicht nur ein Augen-, sondern auch ein Gaumenschmaus.

Die kleine Haushaltsfibel

Mandeln und Nüsse backt man am besten mit dem Obst im Teig. Denn wenn sie oben auf dem Kuchen liegen, werden sie schneller schwarz.

Was den Rührteig betrifft, so ist er keine Diva wie der Hefeteig. Butter (Zimmertemperatur) und Zucker zuerst schaumig rühren. Wird beim Verrühren der beiden Komponenten die Masse grießig, war die Butter zu kalt.

Damit die Sahnetorte unbeschadet aus dem Tortenring kommt, diesen vorher mit etwas Sonnenblumenöl einpinseln und mit Puderzucker bestäuben.

Obstkuchen bewahrt man am besten im Kühlschrank auf. Das Obst mit Zitronensaft beträufeln, dann bleibt es frisch und verliert nicht die Farbe.

So gelingt der Hefeteig: Der Teig braucht Ruhe und kann Hektik nicht vertragen. Die Milch sollte lauwarm sein, aber nicht heiß. Und: Zugluft schätzt der Hefeteig gar nicht. Unsere Großmütter haben ihn mit einem Geschirrhandtuch davor bewahrt.

Biskuit zügig verarbeiten. Und sparen Sie bei diesem Luftikus niemals an Eiern!

Gefrorenes Obst saftet stark. Eventuell eine hauchdünne Schicht Paniermehl vorher auf den Boden geben.

Baisers bitte mit Ober-/Unterhitze backen, denn dann bekommt der Kuchen eine schöne goldene Farbe. Damit das Baiser gleichmäßig bräunt, den Kuchen zwei- bis dreimal drehen.

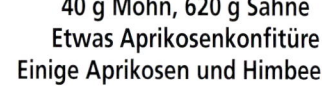

Zutaten

**2 Springformen 24 cm
Tortenring, Backpapier**

Für den Mürbeteig
50 g Zucker
100 g Butter (Raumtemperatur)
1 Ei, 150 g Mehl
1 Prise Salz

Für den Biskuitboden
2 Eiweiß, 2 Eigelb
120 g Zucker, 120 g Mehl
1 Pck. Vanillezucker
1 TL Backpulver

Für den Belag
1 Eigelb, 35 ml Milch
50 g Zucker
6 g Blattgelatine
110 g Aprikosen
40 g Mohn, 620 g Sahne
Etwas Aprikosenkonfitüre
Einige Aprikosen und Himbeeren

Zubereitung

Den Ofen auf 180 Grad Ober-/Unterhitze vorheizen. Für den Mürbeteig Zucker, Butter und das Ei in eine Schüssel geben und verkneten. Mehl und Salz hinzufügen, den Teig noch einmal gut durchkneten. Den Teig in eine mit Backpapier ausgelegte Springform geben und **bei 180 Grad circa 5 bis 7 Minuten backen.** Auskühlen lassen.

Für den Biskuit Eiweiße in eine Schüssel geben, zu Eischnee schlagen. Eigelbe und Zucker unterrühren, dann Mehl, Vanillezucker und Backpulver vorsichtig unterrühren. Den Teig in eine mit Backpapier ausgelegte Springform füllen. **Bei 175 Grad circa 25 bis 30 Minuten backen.** Auskühlen lassen und dann den Boden quer halbieren.

Für den Belag Eigelb, Milch, Zucker in einem Topf handwarm erwärmen. Blattgelatine in kaltes Wasser einweichen, ausdrücken, anschließend unter das Eigelbgemisch rühren. Aprikosen waschen, trocken tupfen, entsteinen, halbieren und gut mit dem Mohn mischen, unter die Eigelbmasse geben. Sahne steif schlagen, unter die Creme heben. Mürbeteigboden auf eine Kuchenplatte setzen und einen Tortenring herumlegen. Den Boden mit etwas Aprikosenkonfitüre einpinseln, dann den ersten Biskuitboden auflegen. Die Hälfte der Sahne-Aprikosencreme darauf verteilen. Den zweiten Biskuitboden auflegen. Den Rest der Sahne-Aprikosencreme darüber verteilen. Mit Aprikosen und Himbeeren garnieren

„Ein Schuss Peach-Mignon-Likör in der Sahne rundet den Geschmack ab", empfiehlt Corinna Engel

Apfelkuchen vom Blech

Kaffee-Kränzchen im Garten

Kuchenblech
Butter zum Einfetten

Zutaten
Für den Boden
500 g Mehl
¼ l Milch
1 Würfel Hefe, 30 g Zucker
100 g Butter
1 Ei, 1 Prise Salz

Für den Belag
Ca. 1 kg Äpfel

Für die Streusel
300 g Mehl
200 g Zucker
200 g Butter
1 Pck. Vanillezucker

Zubereitung
Den Ofen auf 180 Grad Ober-/Unterhitze vorheizen.
Mehl in eine größere Schüssel sieben und in die Mitte eine kleine Mulde drücken. 4 EL von der Milch erwärmen. Hefe klein bröseln, in die Mulde geben, Zucker hinzufügen, die warme Milch darübergießen. Die restliche Milch erwärmen und darin die Butter zum Schmelzen bringen. Milch-Buttermischung, Ei und Salz ebenfalls in die Schüssel geben. Den Teig gut verkneten. 30 Minuten ruhen lassen. Auf dem eingefetteten Blech ausrollen, den Rand leicht hochziehen. 10 Minuten ruhen lassen. Die Äpfel schälen, in Spalten schneiden, auf den Teig setzen. Alle Zutaten für die Streusel verkneten und üppig über die Äpfel streuen
**Im Ofen bei 180 Grad
circa 30 Minuten backen**

Als Kind, ich bin in einem kleinen Dorf im Taunus aufgewachsen, war es für mich selbstverständlich, in den Garten meiner Großmutter Elli zu gehen und Obst zu naschen. Unser Garten war kunterbunt durch die vielen Margeriten und Butterblumen und voller Obst. Erdbeeren, Heidelbeeren, Kirschen, Johannisbeeren rot und schwarz, Stachelbeeren, Pflaumen, Äpfel und Mirabellen lockten in der prall gefüllten Vorratskammer. Was backen, aber auch handarbeiten betraf, war meine Oma Elli eine Institution. Oft kamen ihre Freundinnen zu Besuch. In ihren Stoffbeuteln Wollknäuel und Nadeln. Es wurde erzählt, Kaffee und Kuchen genossen und nebenbei gehandarbeitet. Ich erinnere mich, dass ich in einer solchen Runde meinen ersten Topflappen gehäkelt habe. Etwas schief zwar, da mir die eine oder andere Masche „verloren ging", aber dennoch war ich stolz wie Bolle. Später, als ich meinen eigenen Hausstand hatte, geriet die Handarbeit in Vergessenheit. Doch heute hole ich mit Begeisterung wieder die Wollknäuel aus meinem Weidenkorb und lass die Nadeln klappern. Meiner Oma würde es gefallen!

Gina Knese

Nicole Busold und Angelika Zülch-Busold von Wacker's Kaffee in Frankfurt am Main

Springform 24 cm
Butter zum Einfetten

Zutaten
Für den Boden
100 g Butter
100 g Zucker
1 Ei
150 g Mehl
1 Prise Backpulver

Für den Belag
6 Eiweiß
200 g geriebene Mandeln
180 g Zucker
750 g Rote Johannisbeeren

Zubereitung
Den Ofen auf 180 Grad Ober-/Unterhitze vorheizen. Alle Zutaten für den Boden in eine Schüssel geben und zu einem glatten Teig verkneten. Den Teig in die gefettete Springform geben und einen Rand hochziehen. Eiweiß steif schlagen und Mandeln unterheben. Den Zucker über die Johannisbeeren geben. Die Hälfte der Eiweiß-Mischung auf dem Teigboden verteilen, die Johannisbeeren darauf verteilen, über die Beeren kommt die restliche Eiweißcreme

Den Kuchen bei 180 Grad circa 40 Minuten backen

Margarete Zülch

Luise Wacker

Luise Wacker (vorn) und ihre Schwestern

Wacker's Kaffee

*J*eden Tag mindestens drei Tassen Kaffee – darauf schwört Margarete Zülch. „Doch es müssen frische Kaffeebohnen sein, traditionell geröstet, so, wie wir das seit 1914 machen. Damals gründete meine Mutter Luise Wacker's Kaffee."
Sie war 23 Jahre alt und kam aus Schwaben. Frankfurt am Main sollte für sie nur eine Zwischenstation sein, um sich für den Feinkosthandel ausbilden zu lassen. Eigentlich wollte Luise in die Welt hinaus, nach Amerika. „Zum Glück blieb meine Mutter und legte den Grundstein für die Rösterei und unsere Kaffeehauskultur", erzählt Margarete Zülch. Wacker's Kaffee und die Rösterei sind ein Familienunternehmen: Tochter Angelika Zülch-Busold und Enkelin Nicole unterstützen im Geschäft. Sohn Hans Zülch und Enkel Nikolas arbeiten in der Rösterei und in zwei weiteren Geschäften. Knapp 50 Kaffees und Espressi werden bei Wacker's täglich geröstet.
Margarete Zülch, die über 90 Jahre alt ist und 1976 das große Erbe übernahm, führt das Unternehmen noch immer mit Leidenschaft, Herz und der Maxime ihrer Mutter, die stets ihre Mitarbeiter ermahnte: „Denken Sie bitte an unser oberstes Gebot – Seine Majestät der Kunde!"
Der Lieblingskuchen, der seit Jahrzehnten in der Familie gebacken wird, ist ein Johannisbeer-Baiser. Das Rezept ist ein kleines Geheimnis, deshalb erzählen Sie es bitte nicht weiter…

Mirabellenmohn mit Streusel

Versüßt uns den Tag

Springform 24 cm
Backpapier

Zutaten
Für den Mürbeteig
50 g Zucker
100 g Butter (Zimmertemperatur)
1 Ei
150 g Mehl, 1 Prise Salz

Für die Füllung
300 ml Milch
250 g Mohn, gemahlen
100 g Zucker
1 Pck. Vanillezucker
100 g Butter (Zimmertemperatur)
2 Eier
1 EL Grieß
Circa 250 g Mirabellen

Für die Streusel
100 g Mehl
60 g Zucker
1 Pck. Vanillezucker
75 g Butter
1 Messerspitze Zimt

Zubereitung

Den Backofen auf 180 Grad Ober-/Unterhitze vorheizen.
Für den Mürbeteig Zucker, Butter, das Ei in eine Schüssel geben und verkneten, Mehl und Salz hinzufügen und nochmals gut durchkneten. Den Teig in eine mit Backpapier ausgelegte Springform geben. (Bitte keinen Rand hochziehen.) **Den Boden bei 180 Grad circa 5 bis 7 Minuten backen.** Auskühlen lassen.

Für die Füllung Milch in einen Topf geben und aufkochen. Mohn, Zucker und Vanillezucker hinzufügen und 5 Minuten mitkochen lassen. Die Masse vom Herd nehmen und 10 Minuten abkühlen lassen. Dann Butter, Eier und Grieß hinzufügen und verrühren. Die Mohnmasse auf den Mürbeteigboden geben und die gewaschenen, gut abgetropften, entkernten Mirabellen darauf verteilen und leicht eindrücken. Für die Streusel alle Zutaten in eine Schüssel geben und mit der Hand gut durchkneten, auf dem Boden verteilen

Den Kuchen bei 180 Grad circa 20 Minuten backen

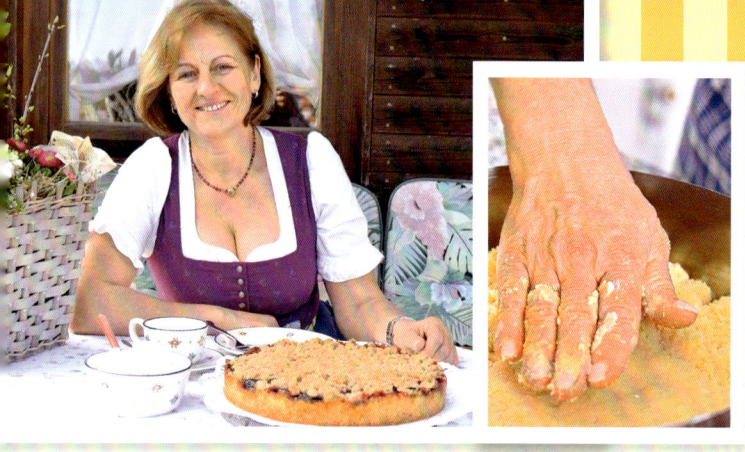

Helga Wieser aus Großdingharting (Bayern)

Springform 28 cm
Butter zum Einfetten

Zutaten
Für den Boden
300 g Mehl
150 g Zucker
150 g Butter
1 Ei
1 Pck. Vanillezucker

Für den Belag
1,5 kg Zwetschgen
½ Becher Sauerrahm

Für die Streusel
125 g Mehl
100 g Butter, 60 g Zucker
1 Prise Salz, ½ TL Zimt
50 g gemahlene Haselnüsse

Zubereitung

Den Backofen auf 160 Grad Heißluft vorheizen. Alle Zutaten für den Boden in eine Schüssel geben und mit der Hand zu einem Teig verkneten. Die Springform einfetten, mit dem Teig auskleiden und einen Rand hochziehen. Die Zwetschgen waschen, halbieren, entkernen und auf den Teig setzen. Mit Sauerrahm betupfen. Für die Streusel alle Zutaten in eine Schüssel geben und mit der Hand leicht verkneten. Die Streusel über den Kuchen geben

Bei 160 Grad circa
60 Minuten backen

Landlust

„Der Zwetschgenbaum in meinem Garten ist ein kleines Wunder", sagt Helga Wieser aus Großdingharting. „Im Spätsommer biegen sich die Äste unter der süßen Last der Früchte. Seit Jahrzehnten backen wir den Zwetschgendatschi in unserer Familie. Ein richtig großes Stück davon, dazu frisch geschlagene Sahne vom Bergbauern – was für ein Genuss!" Kleiner Tipp für die Ferien: Frau Wieser vermietet Gästezimmer und bereitet am Morgen ein Gute-Laune-Frühstück vor mit selbst gemachten Marmeladen (siehe auch Seite 101), frischen Eiern von den eigenen Hühnern, knusprigen Semmeln und Wurst vom Dorfmetzger.

Claudia Szonn vom „Forsthaus" in der Oberlausitz

2 Springformen 24 cm
Backpapier

Zutaten
Für die Böden
4 Eier
125 g Butter
125 g Zucker + 200 g Zucker
1 EL Vanillezucker
180 g Mehl
1 TL Backpulver
1 EL Milch
100 g Mandelblättchen

Für die Füllung
2 große Gläser Stachelbeeren oder frische Früchte
1 l Sahne
4 EL Sahnesteif
2 EL Zucker

Zubereitung
Den Backofen auf 175 Grad Ober-/Unterhitze vorheizen. Die Eier trennen. Butter mit 125 g Zucker und Vanillezucker in eine Schüssel geben und verrühren. Eigelbe dazugeben und 8 bis 10 Minuten schaumig schlagen. Mehl, Backpulver und Milch hinzufügen und verrühren. Den Teig auf zwei mit Backpapier ausgelegte Springformen verteilen. Eiweiß zu Schnee schlagen, dabei 200 g Zucker einrieseln lassen. Die Eiweißmasse auf die zwei Böden verteilen und glatt streichen. Je 50 g Mandelblättchen darüberstreuen. **Die Böden bei 175 Grad circa 25 Minuten backen.**

Einen Boden auskühlen lassen, den anderen noch warm in 12 Stücke schneiden. Für die Füllung die Stachelbeeren abtropfen lassen bzw. die frischen Früchte waschen und trocken tupfen. Sahne in eine Schüssel geben und mit Sahnesteif und Zucker steif schlagen. Stachelbeeren unterheben. Die Masse auf den Tortenboden verteilen, die vorgeschnittenen Stücke auflegen

Forsthaus am Erlichhof

Märchenhaft lecker!
Die Rotkäppchentorte im „Forsthaus" wird mit Quark, Sahne und Sauerkirschen gemacht. Die zwei Böden bestehen aus Biskuit. Abwechselnd werden Kirschen, Kirschsaft, der mit Gelatine angedickt ist, und die Quark-Sahnemischung auf die Böden verteilt. Vor dem Genuss kommt die Rotkäppchentorte für 4 Stunden in den Kühlschrank.

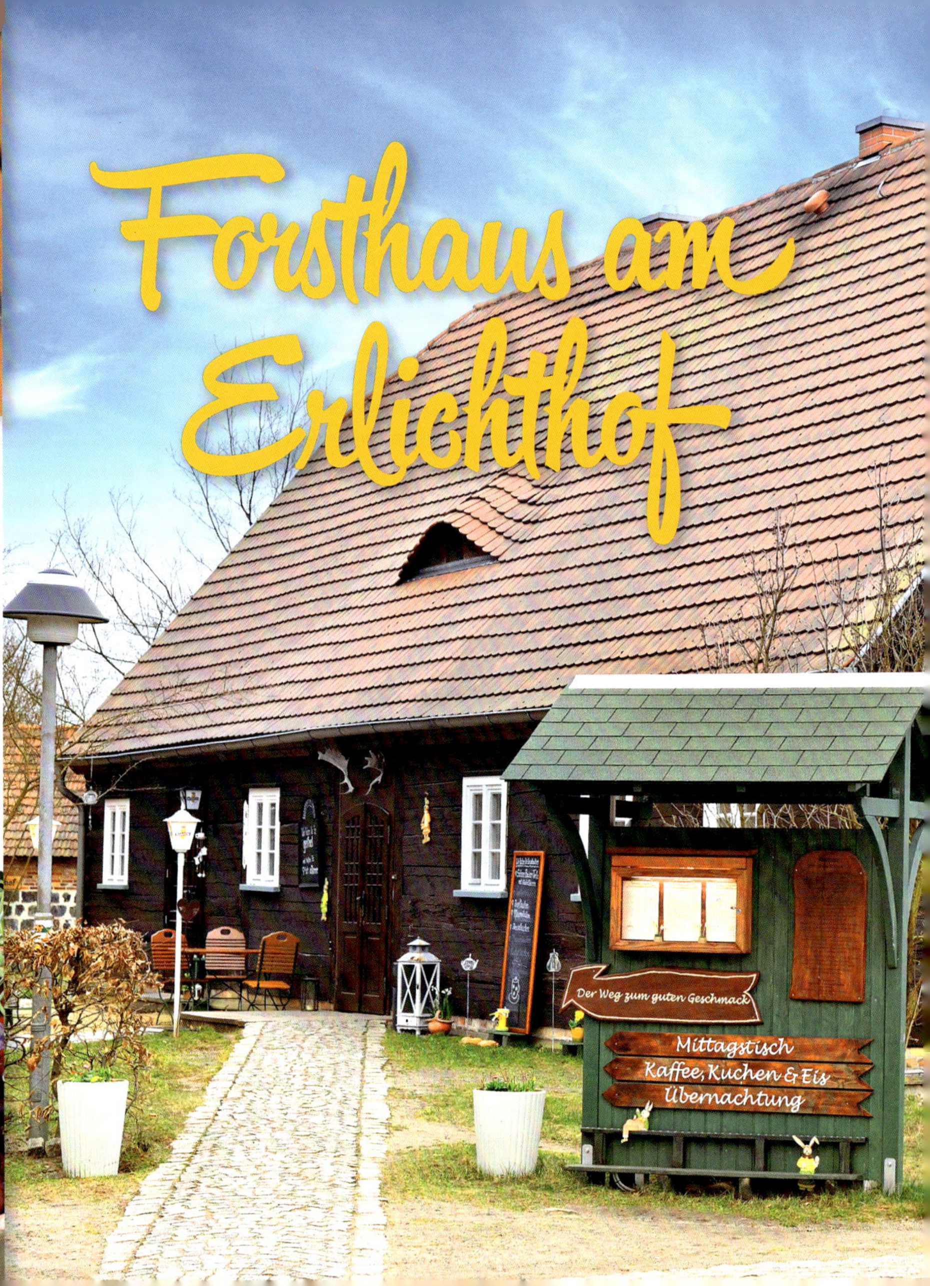

Familie Szonn hat sich für ihre Pension und ihre Kaffeestube einen ganz besonderen Ort ausgesucht: den „Erlichthof" in der Oberlausitz. „Die Häuser, zu denen auch unser Forsthaus gehört, stammen aus Dörfern, die dem Braunkohlenabbau weichen mussten. Behutsam wurden die bis zu 300 Jahre alten Gebäude abgetragen und als Museumsdorf wieder aufgebaut", erzählt Anita Szonn. Mit vielen liebevollen Details hat die Familie ihr historisches Kleinod eingerichtet. Am Eingang empfängt ein Windspiel aus Kaffeetassen. Am Klavier spielt Anita Szonn ihren Gästen oft etwas vor. Auf einer Schiefertafel wird der Kuchen angekündigt, der aus der hauseigenen Backstube kommt. „Zu unseren beliebtesten Torten gehört eine mit Stachelbeersahne, die meine Mutter Dora zu jeder Feier gezaubert hat", sagt Anita Szonn. „Sie wurde 87 Jahre alt und Backen war ihr Leben. Sie ließ sich von keinem Rezeptbuch leiten, nur von ihrer Fantasie." Auch eine Rotkäppchentorte wird im „Forsthaus" serviert – und die Wölfe, die sind auch ganz nah: In der Oberlausitz haben sich die ersten Rudel wieder angesiedelt. Sie meiden die Menschen, leben zurückgezogen und sind keineswegs so böse wie ihr Artgenosse im Märchen. In dieser Region erzählt man die Geschichte von „Rotkäppchen und dem lieben Wolf".

Wenn sich ihre Töpferscheibe dreht, ist Susanne Arlet glücklich. Denn dann formen ihre Hände kleine Kunstwerke – Vasen, Krüge, Kerzenhalter, Schüsseln, auch Teller und Tassen. Die Töpferin hat ihre Werkstatt im „Erlichthof" in Rietschen. „Das 250 Jahre alte Gebäude, in dem ich arbeite, war früher eine Scheune, in der Heu und Stroh lagerten", erzählt sie. 1997 wurde sie zur Keramik-Scheune. Susanne arbeitet ohne Schablone. Jedes ihrer Stücke ist ein Unikat. Zu den Lieblingen in ihrem Sortiment gehört das Kaffeegeschirr in Erlichthofgrün mit seinen schlichten, klaren Formen. „Meine Nachbarn im Forsthaus benutzen es in ihrer Gaststätte. Es taugt für den Alltag und schmückt trotzdem die Tische." Schöne Idee: Ab und an lädt Susanne auch Besucher ein, sich im Töpfern zu üben, und steht gern mit ihrem Rat zur Seite.

Hildegard Waizenegger vom „Biohotel Mohren" im Deggenhausertal

Springform 26 cm
Butter zum Einfetten

Zutaten
Für den Mürbeteig
250 g Mehl
½ Pck. Backpulver
125 g Zucker
1 Pck. Vanillezucker
1 Zitronenaroma
2 bis 3 EL Milch
125 g Butter

Für den Belag
1 kg Äpfel
Etwas Semmelbrösel
Etwas Zimt und Zucker
1 Eigelb

Zubereitung
Den Backofen auf 170 Grad Heißluft vorheizen.
Die Zutaten für den Mürbeteig in eine Schüssel geben und mit dem Mixer durchkneten. Vier Fünftel des Teigs in die gefettete Springform geben, den Boden formen, den Rand hochziehen. Die Äpfel, ich nehme gern die alten Sorten aus unserem Garten wie den „Oberösterreicher", schälen, Gehäuse entfernen und fein hobeln. Den Mürbeteigboden mit einigen Semmelbröseln, Zimt und Zucker leicht bedecken. Das ist wichtig, damit die gehobelten Äpfel, die sehr saftig sind, nicht den kompletten Boden durchfeuchten. Jetzt die Apfelhobel auf den Boden geben.

Den restlichen Teig sehr dünn ausrollen und damit die Apfelmischung bedecken. Das Eigelb verquirlen und mit einem Pinsel die obere Teigplatte bestreichen. Dadurch wird der Kuchen knuspriger, und er bekommt eine schöne Farbe

Den Kuchen bei 170 Grad circa 50 Minuten backen

Statt des Eigelbs kann man auch Sahne verwenden

Biohotel Mohren

Die Zeiten haben sich geändert, das Gute bleibt. Wie der gedeckte Apfelkuchen, der bei den Waizeneggers seit Generationen gebacken wird. „Unsere Familie gehört zu den Pionieren des Bodenseetourismus", erzählt Hildegard Waizenegger. Hier ins Deggenhausertal, in dem sich das „Biohotel Mohren" der Familie befindet, zog es die Gäste schon im 18. Jahrhundert. Es ist ein Stück vom Paradies mit Kastanienalleen, Wiesenhügeln, Dörfern und dem Blick auf den Bodensee. Der Familie gehört ein alter Gutshof, Streuobstwiesen, Wald und Felder, auf denen Gemüse und Kräuter wachsen. In der exzellenten Küche des Biohotels wird nur mit Bioprodukten gearbeitet. Hildegard Waizenegger und ihr Mann haben die Geschäfte an Sohn Jürgen übergeben. Dennoch sieht man die sympathische Frau mit der schneeweißen Schürze noch oft in der Küche werkeln – beim Kochen und beim Backen.

Springform 24 cm
Butter zum Einfetten

Zutaten
Für den Boden
150 g Zucker
1 Pck. Vanillezucker
3 Eier
50 g Mehl
½ TL Backpulver
100 g gemahlene Haselnüsse

Für den Belag
1 Pck. Tortenguss,
500 g Beeren (z. B. Himbeeren, Blaubeeren, Brombeeren, Stachelbeeren)

Zubereitung
Den Backofen auf 150 Grad Umluft vorheizen. Zucker, Vanillezucker und Eier in einer Schüssel schaumig rühren. Mehl, Backpulver sowie die gemahlenen Haselnüsse hinzugeben und alles zu einem glatten Teig verarbeiten. Den Teig in die gefettete Springform geben.
Bei 150 Grad circa 15 Minuten backen.
Auskühlen lassen. Die Beeren vorsichtig waschen und trocken tupfen. Je ein Viertel Stachelbeeren, Himbeeren, Brombeeren und Blaubeeren auf dem Kuchen verteilen. Den Tortenguss nach Anleitung zubereiten und über die Früchte geben

Tipp

Dieser Kuchen sieht besonders schön auf einer Tortenplatte mit Fuß aus

Marmeladenzauber
Selbst gemacht schmeckt's doch am besten!

Zwetschge in Weinlaune

Zutaten
1,5 kg Zwetschgen
¼ l Rotwein
1 TL Zimt
500 g Gelierzucker 2:1
1 Pck. Gelierfix 2:1

Zubereitung
Reife Zwetschgen waschen und entkernen und in einen großen Topf geben. Rotwein, Zimt, Gelierzucker und Gelierfix darübergeben und ein paar Stunden ziehen lassen. Danach 20 Minuten aufkochen, dabei umrühren, dann kurz pürieren und randvoll in Gläser abfüllen

Rezept von Helga Wieser aus Bayern

Erdbeere liebt Rhabarber

Zutaten
1,2 kg Rhabarber
Abgeriebene Schale einer Bio-Zitrone
250 ml Wasser
250 g Erdbeeren
1000 g Gelierzucker
3 EL Rosenwasser

Zubereitung
Rhabarber schälen und in Stücke schneiden, mit Zitronenschale und Wasser in einen Topf geben. Zum Kochen bringen, 20 Minuten köcheln lassen. Die Masse durch ein Sieb passieren und den Saft auffangen. Erdbeeren putzen, vierteln. Erdbeerstücke mit dem kalten Rhabarbersaft (sollten 750 ml ergeben, falls Saft fehlt, mit Wasser ergänzen), Gelierzucker, Rosenwasser in einem zweiten Topf unter ständigem Rühren zum Kochen bringen. 5 bis 8 Minuten kochen lassen, pürieren. Gelierprobe machen. Falls das Gelee nicht fest wird, etwas Apfelpektin hinzufügen. Gelee randvoll in Gläser abfüllen

Schlemmertipp:
Gelee unter Naturjoghurt rühren

Adressen

Wirtshaus Ähndl
Thilo Bischoff
Ramsach 2
82418 Murnau
Tel. 08841/5241
www.aehndl.de

Konditorei Amendt
Susanne und Patrick Amendt
Hügelstraße 177
60431 Frankfurt am Main
Tel. 069/524647
www.konditorei-amendt.de

Café Anna Blank
Elena Birkel
Wiesbadener Straße 61
65510 Idstein
Tel. 06126/2263963
www.cafe-anna-blank.de

Blütenwerkstatt
Beate Rönnbeck
Kurt-Schumacher-Straße 12
65760 Eschborn
Tel. 06196/8871789
www.blueten-werkstatt.de

**Engelswerk –
Feinste Confiserie**
Corinna Engel, c/o Backbar,
Kapellenstraße 48 c
65830 Kriftel
Tel. 06192/9732450
www.engelswerk-torten.de

Forsthaus am Erlichthof
Am Erlichthof 1
02956 Rietschen
Tel. 035772/40562
www.forsthaus-erlichthof.de

**Gut Steinwehr
Himbeerhof**
Steinwehr 16
24796 Bovenau
Tel. 04357/241
www.himbeerhof.de

Keramik-Scheune
Susanne Arlet
Am Erlichthof 9
02956 Rietschen
Tel. 035772/40066
www.erlichthof-keramik.de

Kloster St. Lioba
Riedbergstraße 1
79100 Freiburg im Breisgau
Tel. 0761/292940
www.kloster-st-lioba.de

Kröger's Backbar
Baker Men GmbH
Kapellenstraße 48 c
65830 Kriftel
Tel. 06192/8077788
www.kroegers-broetchen.de

Konditorei Café Mesner
Lautererstraße 2
83727 Schliersee
Tel. 08026/6436
www.cafe-mesner.de

Biohotel Mohren
Familie Waizenegger
Kirchgasse 1
88693 Deggenhausertal-Limpach
Tel. 07555/9300
www.biohotel-mohren.de

Die Nähtante
Anke Seelig
Tel. 06192/402688
E-Mail: info@nähtante.de
www.nähtante.de

Roter Haubarg
Sand 5
25889 Witzwort
Tel. 04864/845
www.roterhaubarg.de

Schönstetter
Angelika Huber
Carl-Benz-Straße 1
84579 Unterneukirchen
Tel. 08634/626660
www.baeckerei-schoenstetter.de

Wacker's Kaffee
Kornmarkt 9
60311 Frankfurt am Main
Tel. 069/287810
www.wackers-kaffee.net

Helga Wieser
Ölschlagerweg 13
82064 Großdingharting
Tel. 08170/8152
www.pensionwieser.de

Die Natur malt die schönsten Bilder

Kirschblüte im Alten Land

Der Geschmack unserer Kindheit

Obstkuchen, wie sie unsere Großmütter gebacken haben

Alle Informationen zu diesem Buch sind von den Autoren mit größter Sorgfalt gesammelt und überprüft worden. Da inhaltliche und sachliche Fehler nicht ausgeschlossen werden können, erklärt der Verlag, dass alle Angaben im Sinne der Produkthaftung ohne Garantie erfolgen und dass der Verlag wie auch die Autoren keinerlei Verantwortung und Haftung für inhaltliche und sachliche Fehler übernehmen. Qualitäts- und Quantitätsangaben sind rein subjektive Einschätzungen der Autoren und dienen keinesfalls der Bewertung von Firmen und Produkten.

indigo Verlag
Hundshager Weg 15
D-65719 Hofheim/Taunus
Telefon: 06192/2001222
E-Mail: *indigo.books@t-online.de*

Idee: Ina Heuer
Text und Produktionen: Ina Heuer, Gina Knese
Fotos und Cover: Ralf Krein

*Weitere Fotos: S. 34 Kröger's Backbar (1); S. 62/63 Café Mesner (1), S. 78/79 Stockfood;
S. 82/83 Wacker's Kaffee (3), Walter Vogel;
S. 96/97 Biohotel Mohren/Silke Magino
Retrobilder alle privat*

Gestaltung: outland design
Schlussredaktion: K+H Pressebüro
Reproduktion: Silke Goodall
Druckerei: Rasch Druckerei und Verlag GmbH & Co. KG, Bramsche

Herzlichen Dank allen, die an diesem Buch mitgearbeitet haben.

ISBN 978-3-9816600-2-9